Louise **DUGUAY**

MAIGRIR

200 trucs et réflexions
pour ENFIN y arriver

EDIMAG
PRÈS DU PUBLIC

NE JETEZ JAMAIS UN LIVRE

La vie d'un livre commence à partir du moment où un arbre prend racine. Si vous ne désirez plus conserver ce livre, donnez-le. Il pourra ainsi prendre racine chez un autre lecteur.

DISTRIBUTEURS EXCLUSIFS
Pour le Canada et les États-Unis
LES MESSAGERIES ADP
2315, rue de la Province
Longueuil (Québec) CANADA   J4G 1G4

Téléphone: (450) 640-1234   Télécopieur: (450) 674-6237

Pour la Suisse
TRANSAT DIFFUSION
Case postale 3625
1 211 Genève 3   SUISSE

Téléphone: (41-22) 342-77-40 / Télécopieur: (41-22) 343-46-46
Courriel: transat-diff@slatkine.com

Pour la France et la Belgique
DISTRIBUTION DU NOUVEAU MONDE (DNM)
30, rue Gay-Lussac
75005 Paris   FRANCE

Téléphone: (1) 43 54 49 02 / Télécopieur: (1) 43 54 39 15
Courriel: info@librairieduquebec.fr

BRAVO!

Vous avez décidé de vous prendre en main et de maigrir.

C'est une bonne décision, mais, pour parvenir à perdre du poids, nous savons tous qu'il faut être très déterminé et qu'il faut constamment fournir des efforts. C'est un combat de tous les instants. Pourtant, plusieurs réussissent. Peut-être sont-ils plus motivés? Ils ont peut-être des sources d'inspiration.

Voici quelques trucs et conseils pour vous aider dans votre démarche et vous guider vers votre poids santé.

Bonne lecture et bon succès!

Pour perdre du poids,

il faut d'abord et avant tout changer son comportement.

Maigrir

Maigrir d'accord,
mais pas
à n'importe quel prix.

Pour maigrir, comme pour réussir tout ce qu'on entreprend,

la persévérance est la clé du succès.

Maigrir

Buvez beaucoup d'eau.

Autant que vous le pouvez.

Rien n'est pire que de porter

5 ou 10 kilos de trop, ça nous pèse!

C'est le temps d'agir.

Maigrir

Il faut **bien comprendre** *notre problème de surpoids avant de passer*

aux actes.

Choisissez
LA BONNE PÉRIODE
pour entreprendre un régime.
Mais sachez que le bon
moment pour prendre soin
de vous, c'est tout de suite!

Maigrir

Idéalement, faites une trêve d'alcool

aussi longue que possible.

RÉDUISEZ VOS PORTIONS.
C'est le point de départ
de toute réussite
de perte de poids.

Maigrir

Pensez

poisson plus

souvent!

Se connaître et se contrôler:

DEUX RÈGLES ÉLÉMENTAIRES

pour maigrir.

Maigrir

Vous verrez que maigrir vous redonnera

une vitalité et une énergie

depuis longtemps
perdue ou oubliée.

FIEZ-VOUS
À VOTRE INTUITION.

Faites-lui confiance plus
souvent qu'à l'accoutumée.

Maigrir

C'EST TOUJOURS
PLUS AGRÉABLE

*et plus facile de faire de l'exercice
et de maigrir à deux.*
Mais, de grâce, ne vous
comparez pas. Surtout pas!

Si les gens autour de vous
veulent vous aider, c'est qu'ils ont
votre santé à cœur.

Écoutez ce qu'ils ont à dire
et faites la part des choses.

Maigrir

*À la Saint-Valentin,
des fleurs
au lieu du chocolat
feront sûrement l'affaire.*

Ayez recours à tous vos trucs quand la situation se corse. Vous finirez par en avoir

de TRÈS EFFICACES.

Maigrir

Ne soyez pas trop sévère envers vous.

Mettez l'accent sur chacune de vos victoires,

aussi petites soient-elles.

Bougez!

Chaque fois que vous en avez l'occasion, soyez actif.

Tout exercice est bénéfique.

Maigrir

Faites en sorte d'éviter le plus possible toute situation néfaste à une perte de poids:

stress, fatigue, lassitude, etc.

Un vieux dicton dit que le régime
le plus efficace c'est la peine d'amour.

On ne se le souhaite surtout pas...
ON TROUVERA BIEN AUTRE CHOSE.

Maigrir

Les premiers kilos sont faciles à perdre et fondent assez vite.

Ne vous découragez pas
si par la suite c'est plus lent.
C'est tout à fait normal et c'est là que la
persévérance doit être de mise. À ce deuxième stade,
toute perte de poids est TRÈS VALORISANTE.

Ne sautez jamais de repas.

Prenez TOUJOURS un petit-déjeuner
bien équilibré et substantiel.

En règle générale, on mange trop.
Un bon dosage est de mise.

IL N'Y A PAS
DE RÉGIME MIRACLE.

Privilégiez une perte de poids régulière et stable en repensant votre régime alimentaire.

Maigrir

Pourquoi maigrir? Pour soi avant tout!

Prenez l'habitude de MARCHER
après vos repas.
Surtout après celui du soir.

Les effets bénéfiques sont considérables et instantanés.

Maigrir

Bien dans son corps pour être bien dans sa tête!

Vous vous connaissez bien.

Vous avez sûrement un truc

à vous pour maigrir.

Faites-y confiance et mettez-le en pratique.

Maigrir

Maigrir ne doit pas être une souffrance continue.

Si tel est le cas, repensez votre façon de

faire et de voir,

pour que ça change.

Une fois le repas terminé,
congelez vos restes pour
des lunchs ou jetez-les.

Ainsi, ils ne seront pas tentants
dans le frigo.

Maigrir

Pour ne pas vous tenter
plus qu'il ne le faut,
évitez la cuisine
le plus possible.

ATTENTION,

votre poids finit par influencer votre façon de vivre.

Maigrir

Une règle d'or:

mangez le plus possible

à des heures régulières.

UNE AUTRE RÈGLE D'OR:
NE GRIGNOTEZ PAS
entre les repas.

Si jamais l'envie vous prend, FRUITS ET LÉGUMES doivent être à l'honneur.

Maigrir

Au restaurant,

il y a toujours moyen de trouver un repas consistant mais hypocalorique.

Dans votre quête de perte de poids,
le sommeil doit être un allié.
De bonnes nuits sont de mise.

Fini les repas sur le pouce
et à la course!

Prenez le temps.

On ne le dira jamais assez!

*Mangez dans la tranquillité
et le calme.
Vous aurez toujours le temps
de regarder la télé plus tard.*

Maigrir

Mangez frais.

À chaque saison ses menus. ALLEZ AU MARCHÉ régulièrement, de cette façon la fraîcheur sera toujours au rendez-vous.

Les associations alimentaires sont très importantes dans toute perte de poids.

Apprenez à bien combiner ce que vous mangez.

Votre journée devrait toujours commencer par un grand verre de jus de fruit frais.

Peu importe le fruit.

Il y a des régimes qui marchent et d'autres qui ne marchent pas, dépendant de la personne qui les suit. **Trouvez le vôtre**, celui qui vous convient le mieux.

Maigrir

Pensez BLANC au lieu de ROUGE!

Viande blanche = Santé.

Viande rouge = Problèmes.

Il y a plusieurs raisons de vouloir maigrir: santé, regard des autres, estime de soi, etc. FAITES-LE D'ABORD ET AVANT TOUT POUR VOUS.

Maigrir

À chacun sa morphologie:

soyez réaliste

et trouvez votre poids idéal.

Si vous ignorez combien de calories vous consommez chaque jour, procurez-vous un petit guide pour connaître la valeur nutritive des aliments.

Pratique et très utile, vous verrez.

Les COMPLÉMENTS alimentaires foisonnent et peuvent aider

dans certains cas.

Mais n'en abusez pas.

Au restaurant, attention aux corbeilles de pain avec du beurre. Quelle mauvaise habitude et que de calories!

Maigrir

Achetez-vous de bonnes espadrilles. **La tentation de bouger** *sera d'autant facilitée.*

Sans nécessairement faire de projection, voyez grand sans pour autant vous mettre **TROP DE PRESSION**.

Maigrir

Ne vous laissez pas aller, c'est la pire chose à faire. PRENEZ LE CONTRÔLE!

MANGEZ-VOUS PAR AUTOMATISME?

Pour oublier?

Par manque de maîtrise de soi?

Parce que vous aimez vraiment ça et que vous y pensez continuellement? Trouvez la raison et vous aurez une partie de la solution.

Maigrir

Une mini-cure de deux jours peut être très bénéfique pour votre organisme, et c'est certain que vous y laisserez QUELQUES KILOS.

Allez cueillir vos fraises
et mangez-en autant
que vous le voulez.

Maigrir

Oubliez les crèmes amincissantes.
Ce n'est que
de la poudre
aux yeux.

**OUBLIEZ également
toute opération chirurgicale
ayant pour but de vous délester
de plusieurs kilos.**

**ÇA COÛTE UNE FORTUNE et,
pour la majorité d'entre nous,
CE N'EST VRAIMENT PAS
LE BON MOYEN.**

Maigrir

MANGER

doit être un plaisir, un moment attendu au cours de la

journée. Faites en sorte que ça demeure ainsi malgré tout.

Un RÉGIME, ça se planifie, et il faut
être DANS UN ÉTAT D'ESPRIT APPROPRIÉ.

SOYEZ PATIENT!

Maigrir

Faites vos courses

l'estomac bien rempli

et la tête bien froide.

Même si on suit un régime,
rien n'empêche de rechercher
de nouvelles
sensations culinaires.

Il suffit souvent de peu de chose pour
améliorer la qualité de son alimentation.

VOYEZ-Y!

IL FAUT AVOIR la tête enfouie bien
creux dans le sable POUR NE PAS
VOIR une influence directe
de notre alimentation sur notre santé.

Maigrir

Mangez à profusion les aliments que l'on
dit sains (fruits, légumes, poisson, huile
d'olive extra-vierge, etc.),

CAR ILS SONT ÉGALEMENT «PROTECTEURS».

Évitez les 3 «P»
(pain, pâtes et pâtisseries)

et vous serez
sur la bonne voie.

Maigrir

N'OUBLIEZ PAS

qu'on est souvent
le reflet de son alimentation.

On a un gros pas de franchi quand on pense bien

sa boîte a lunch.

Laissez tomber les excuses, c'est trop facile. **Ayez une attitude positive** *et vous y parviendrez.*

Fixez-vous des objectifs réalistes!

Maigrir

Il faut avoir le courage de dire non.

Puis, pour sa propre satisfaction, se dire que ce n'était pas si difficile que ça après tout.

L'exercice physique
pratiqué régulièrement
doit faire partie
de vos priorités,
sans pour autant devenir
un boulet.

Maigrir

Manger végétarien
une fois par semaine peut être
une OPTION INTÉRESSANTE.

Il ne faut pas seulement avoir
envie de manger
quand on passe à table.

IL FAUT AVOIR FAIM.

Maigrir

Quand on mange vite, on mange souvent
BEAUCOUP TROP.

Mangez lentement

et tout ira mieux.

En commençant
votre repas par une généreuse
**portion de salade
verte,** vous couperez
substantiellement votre faim.

Maigrir

DESSERT

un mot à enrayer
de son cerveau pour la vie.

Un bon truc au restaurant est de demander au serveur de vous mettre la sauce à part.
Ainsi, vous pourrez la goûter si l'envie vous prend, sans nécessairement

TOUTE LA MANGER.

ÉVITEZ TOUTE FORME DE SUCRE.

C'est vrai qu'on dit
«les plaisirs de la table».

MAIS IL Y A PLAISIR
ET PLAISIRS.

Maigrir

*Mincir en beauté et plus
précisément*

là où vous le voulez en plus,

c'est possible.

Il ne s'agit que d'agir
en conséquence.
Gérez vos émotions.

Ne les mangez pas!

Maigrir

La volonté et le sérieux:
deux mots clés dans toute démarche de
perte de poids.

TOUT dépend
de ce que vous ferez
AUJOURD'HUI!

Maigrir

À ÉVITER:

les matières grasses. Et ce n'est pas seulement dans les évidences (beurre, margarine ou huile) qu'on les trouve.

Lisez bien les étiquettes.

Dans vos cuissons, privilégiez l'huile

d'olive
extra-vierge

et ses multiples vertus à tout autre corps gras.

Maigrir

Il faut apprendre ou réapprendre à dire

«non merci».

Et dans sa tête, c'est plutôt

«c'est assez» qu'on se dira.

S'IL LE FAUT, faites appel aux spécialistes de la nutrition.

Leurs conseils et leurs enseignements vous aideront pour la vie.

Maigrir

Sans en faire une obsession, pensez-vous mince régulièrement pour vous motiver.

Oubliez le sel pour le reste
de votre vie.

Vive le poivre!

Maigrir

Ne vous mentez pas.

Les erreurs
sont humaines.
Passez l'éponge.

Revoyez-vous à une période de
votre vie où vous étiez mince.
Gardez cette image
bien en tête.

Maigrir

Plus on est âgé, plus on a tendance à
prendre du poids

et rapidement en plus.

À vous d'y voir

et de RENVERSER LA VAPEUR.

N'oubliez jamais que les régimes sont toujours temporaires.

Ce qu'il vous faut avant tout, c'est un comportement alimentaire sain et équilibré.

Maigrir

Évitez la routine.

Variez tout ce que vous pouvez et le plus souvent possible.

Fréquentez des gens heureux

et bien dans leur peau.

ADOPTEZ UN MODE DE VIE

SAIN.

Décompressez dès que vous le pouvez.

Tout pour vous aider dans votre démarche.

Il y a des périodes de l'année
plus propices aux régimes que
d'autres, mais avant tout

IL FAUT ÊTRE PRÊT DANS SA TÊTE.

Découvrez tous les plaisirs **d'être actif, de bouger, de suer.**

Maigrir

Ne manquez pas

UNE OCCASION

d'aller jouer dehors avec vos enfants.

Maigrir

LA SIMPLICITÉ

a toujours bon goût.

Dans la cuisine également!

C'est vrai que dans la société occidentale maigrir est de plus en plus une obsession pour plusieurs.

Maigrir

Aujourd'hui, la rondeur n'est plus à la mode. **Mais il faut faire la distinction entre rondeur et obésité.**

Maigrir

Des mets pour emporter sains?

Oui, il y en a plein: SUSHIS, SALADES, POULET DE GRAIN, ETC.

AU RANCART
LES CÉRÉALES SUCRÉES!

Bon au goût pour les enfants, mais le moins souvent possible, s'il vous plaît.

Tout parent doit veiller également à l'éducation alimentaire de ses enfants.

C'est un bel héritage à laisser.

IL N'EST JAMAIS TROP TARD
POUR APPRENDRE
À BIEN MANGER.

Pâtes, riz et féculents sont loin d'être à
bannir de votre alimentation.
IL FAUT JUSTE SAVOIR DOSER.

Maigrir

Savourez vos repas.
Prenez votre temps.

*Profitez au maximum
du moment.*

Maigrir

C'est certain que vous pouvez y arriver.
Croyez en vos chances
et foncez!

VOYEZ VOTRE MÉDECIN
au moins une fois par année.
Pour la quiétude de l'esprit **et pour éviter** les surprises désagréables.

Maigrir

Pratiquez un sport régulièrement.

Au moins deux fois par semaine.

LE PLEIN AIR:

bon pour les poumons, bon jour la ligne!

Maigrir

À fréquenter le moins possible:

les buffets.

Maigrir

Il y a toujours des creux.
Si vous succombez un jour,
FAITES EN SORTE que ça ne soit PAS
CATASTROPHIQUE.

Un bon truc très déprimant mais drôlement efficace pour ceux qui ont beaucoup de difficulté: regardez-vous manger ou grignoter dans un miroir.

Maigrir

Oranges, clémentines, pommes, cerises, fraises...

À chaque mois ses fruits!

Assaisonnez à votre guise,

ça rehausse toujours et c'est meilleur.
Mais attention au sel et au sel caché!

Autant que possible,

éloignez-vous du TABAC.

À éviter à tout prix et pour la vie:

une seconde assiette.

POUR LE BIEN DE TOUS,

perdez du poids, pas le sourire!

Gardez le moral.

Les kilos en trop, si la volonté
y est, vous les perdrez.

Faire attention à sa santé et perdre du
poids, c'est contagieux.

Fréquentez des gens qui ont
le même désir que vous.

Ne laissez pas
la frustration vous gagner.

De temps à autre, payez-vous un bon
gueuleton mais soyez consciencieux et, dès le
lendemain, revenez à vos bonnes habitudes.

Maigrir

Il faut être réaliste:

les soirs de fête,

il faut PROFITER!

Pour tous vos repas, utilisez toujours des produits **de qualité supérieure**.

C'est meilleur au goût et pour la santé.

Soyez indulgent envers vous-même!

Il y a une multitude de marques d'eau plate ou pétillante.

Dégustez-les toutes.

Évitez toute forme de cola, sucré ou non.

Privilégiez l'eau ou le jus.

Si vous recevez parents ou amis, ils seront surpris de voir d'aussi beaux plats santé.

SERVEZ DU BON VIN.

Un verre ne mettra pas en jeu tous vos efforts.

Ne vous acharnez pas à enlever la graisse
de toutes vos cuissons.

Elle est utile et pas si néfaste

que ça pour votre santé. Mais attention,
ayez quand même l'œil ouvert.

Pour vos salades, pas besoin
de sauces de toutes sortes.

Un filet d'huile d'olive,
du vinaigre balsamique, quelques
assaisonnements,

et le tour est joué.

Il y a des modes de cuisson plus sains que d'autres. PRIVILÉGIEZ VAPEUR ET GRIL.

Encouragez vos enfants à manger fruits et légumes à volonté.

Inculquez la notion de santé chaque fois que vous le pouvez.

Un enfant ne se laissera jamais mourir de faim.

NE FORCEZ RIEN.

Il y viendra de lui-même.

MÊME POUR LES ENFANTS, ils sont faciles à gagner et très difficiles à perdre, les satanés kilos.

Imaginez votre sandwich santé.

Allez-y, c'est possible!

Optez pour les pains complets, aux grains et aux céréales. Meilleurs au goût et drôlement plus nourrissants.

On le sait tous, les menus des régimes sont souvent répétitifs et ennuyeux.

Permettez-vous de varier vos menus, c'est loin d'être bête.

Au restaurant, si la situation s'y prête,
commandez votre repas le premier.
Ainsi, vous ne serez pas influencé
ni tenté par ce que les autres prennent.

ALLEZ-Y À VOTRE RYTHME.
Du moment qu'il y a progrès,
c'est tout ce qui compte.

Les produits allégés
ne sont pas
nécessairement tout
bons,
NI TOUT MAUVAIS.

SACHEZ CHOISIR.

Maigrir

Si on vous invite à manger,
GOÛTEZ À TOUT
SANS POUR AUTANT vous sentir
dans l'obligation
de vider votre assiette.

COMPLIMENTEZ VOS HÔTES.

Ayez une bouteille
d'eau dans chaque pièce,
bien en vue,
pour que la tentation
soit facile.

Quel délice
que les sorbets quand la
chaleur se pointe!

Tout sauf les calories

d'une glace au chocolat.

Parfois, il faut se persuader qu'on n'a plus faim.

N'HÉSITEZ PAS!

IMAGINEZ vos nouilles ou pâtes de toutes sortes et pleines de couleur.

Avec votre petite portion **de viande, de poulet ou de poisson,** REMPLISSEZ VOTRE ASSIETTE DE LÉGUMES.

Ainsi, elle paraîtra et sera pleine... de bonnes choses.

Maigrir

Récompensez-vous
de temps à autre

*et ne vous sentez
surtout pas coupable.*

Dans plusieurs cas, le tofu peut être un substitut

sain et agréable.

Il n'y a à peu près RIEN
DE PLUS NÉFASTE
pour un régime que les sauces.
ÉVITEZ-LES À TOUT PRIX.

UN OBJECTIF
PAR ÉTAPES

aide souvent.
On trouve notre rythme
et on garde un but en tête.

Prévoyez vos fringales

et tout ira
pour le mieux.

Gérez votre stress.

Ça vous aidera à ne pas surconsommer, et surtout n'importe quoi et n'importe quand.

ÉVITEZ LES EXTRÊMES.

Tout est une question de dosage.

Il y a d'excellentes boissons et bières non alcoolisées. ESSAYEZ-LES.

Les massages sont bénéfiques
et apaisants pour le corps.
Laissez-vous dorloter.

Maigrir

OUBLIEZ LES PILULES
DE TOUTES SORTES.

Elles ne vous feront pas plus

maigrir et vous coûteront

LES YEUX DE LA TÊTE.

Un jeûne de quelques jours fera sûrement du bien **à certains.**
Soyez prudent par contre, car ce n'est pas conseillé **à tous.**

Ce qu'il faut éviter À TOUT PRIX,

c'est de jouer au yo-yo avec votre poids.

Toujours utile, un petit journal où on inscrit ce qu'on mange quotidiennement peut nous révéler beaucoup de choses et **nous aider à atteindre notre but.**

Comme dessert, on peut toujours
prendre un bon cappuccino.

**TRÈS PEU DE CALORIES
ET MOINS DE FRUSTRATION!**

Au restaurant, commandez deux petites
entrées au lieu d'un plat principal.
Vous mangerez moins
et plus longtemps!

En faisant vos courses, **ayez une
liste** et restez-y fidèle.
Vous éviterez ainsi
toute tentation.

De petites portions
dans de petites assiettes.

Un bon truc pour ne pas avoir l'impression d'avoir
devant vous une moitié de repas...

Beaucoup de fruits au
petit-déjeuner, et les résultats
seront étonnants en peu de temps.

On ne le répétera JAMAIS ASSEZ:
le repas du soir doit être le plus léger
de la journée.

Mâchez lentement.

C'est meilleur pour la digestion.

Trois mots magiques doivent vous suivre en tout temps:
JE SUIS CAPABLE!

Partout où vous le pouvez: EMPRUNTEZ LES MARCHES.

Rien d'autre!

Pratiquez des activités
sportives en famille:
ski, randonnée,
bicyclette, patin, etc.

Maigrir

Rester mince.
Le défi est là aussi.

Une remise en forme passe toujours par une RÉVISION DES HABITUDES ALIMENTAIRES.

À l'occasion, préparer des repas d'avance est une excellente idée tout en nous aidant à garder NOTRE OBJECTIF EN TÊTE.

Des rondeurs, on en aura toujours un peu.
IL FAUT DÉDRAMATISER et ne pas en faire une maladie.

À ÉVITER À TOUT PRIX: s'imaginer des
rondeurs où il n'y en a pas.

Maigrir

Si le cœur vous en dit, pour vous divertir
et pour casser la routine, prenez des
cours, inscrivez-vous à une activité.
Peu importe. SORTEZ!

Maigrir

Bien se nourrir,
c'est une preuve
d'amour qu'on fait
à son corps.

MAIGRIR À DEUX, c'est encore mieux.
On s'encourage mutuellement
ET SURTOUT ON SE COMPREND
l'un, l'autre.

Pas besoin de se martyriser pour perdre des
kilos, et l'échec n'est pas un drame.

On recommencera, C'EST TOUT.

Pour être heureux et
enrayer tout stress
néfaste, la vie doit être
prise **AVEC UN GRAIN DE SEL**.

C'est vrai que c'est facile à dire, mais c'est ainsi que ça doit être fait et pensé: **UN JOUR À LA FOIS!**

Maigrir

Ne nous en cachons pas:
MAL SE NOURRIR,
C'EST MOURIR À PETIT FEU.

D'accord pour un verre de vin ou
une bière de temps à autre.

Surtout pour garder le moral
et enrayer toute frustration.

MAIS PAS PLUS.

Maigrir

Tout un désordre alimentaire

que nous vivons...

**À nous de rétablir
l'ordre.**

Quand les gens remarquent,
c'est dire que vous êtes
sur la bonne voie.

Limes, limettes et citrons
agrémentent bien toute eau.
UN APÉRO JUDICIEUX!

Maigrir sans regrossir,
C'EST ÇA LE BUT
ULTIME!

N'HÉSITEZ PAS
À VOUS RENSEIGNER auprès
de toutes les sources.
Il existe une abondance
d'informations et
de témoignages sur
le sujet qui renforceront
votre motivation.

Maigrir

On finit souvent
par REDÉCOUVRIR LA SAVEUR
de certains aliments
en les cuisant plus sainement.

Quelle belle sensation
que de s'acheter
de nouveaux vêtements UNE OU
DEUX POINTURES PLUS PETITES qu'il n'y

a pas si longtemps!

Maigrir

MAIGRIR!

Il y a mille et un chemins pour y arriver.
TROUVEZ LE VÔTRE!

Maigrir

Ça ne doit surtout
pas être une
compétition entre
vous et la balance.

VOIR NOS ENFANTS GRANDIR EN SANTÉ,

c'est ce qu'on se souhaite tous.

Maigrir

Allez-y pour le homard, les crustacés, les coquillages.

C'EST BON POUR LA SANTÉ et raisonnable pour la ligne.

Redécouvrez

LES JOIES D'UN MAILLOT DE BAIN

à votre goût à tout point de vue.

Découvrez
les BIENFAITS
d'une bonne infusion.

Ayez une mémoire SÉLECTIVE quand

vous êtes devant un choix difficile.

Commandez notre catalogue et recevez, en plus,

UN LIVRE CADEAU

AU CHOIX DU DÉPARTEMENT DE L'EXPÉDITION

et de la documentation sur nos nouveautés * .

Remplissez et postez ce coupon à
LIVRES À DOMICILE 2000, C.P. 325,
Succursale Rosemont, Montréal (Québec) CANADA H1X 3B8

LES PHOTOCOPIES ET LES FAC-SIMILÉS NE SONT PAS ACCEPTÉS.
COUPONS ORIGINAUX SEULEMENT.

Allouez de 3 à 6 semaines pour la livraison.

* En plus de recevoir le catalogue, je recevrai un livre au choix du département de l'expédition. / Offre valable pour les résidants du Canada et des États-Unis seulement. / Pour les résidents des États-Unis d'Amérique, les frais de poste sont de 11 $. / Un cadeau par achat de livre et par adresse postale. / Cette offre ne peut être jumelée à aucune autre promotion. / Certains livres peuvent être légèrement défraîchis. **LE CHOIX DU LIVRE CADEAU EST FAIT PAR NOTRE DÉPARTEMENT DE L'EXPÉDITION. IL NE SERT À RIEN DE NOUS INDIQUER UNE PRÉFÉRENCE.**

Maigrir - 200 trucs, astuces et réflexions (#536)

Votre nom : ....

Adresse : ....

....

Ville : ....

Province/État ....

Pays : ....Code postal : ....

Date de naissance : ....

Maigrir - 200 trucs, astuces et réflexions (#536)